北京大学经济学院（系）100周年纪念文库

北京大学经济学院（系）
百年图史

北京大学经济学院 编

北京大学出版社
PEKING UNIVERSITY PRESS

图书在版编目(CIP)数据

北京大学经济学院（系）百年图史/北京大学经济学院编. —北京：北京大学出版社, 2012.5
（北京大学经济学院（系）100周年纪念文库）

ISBN 978-7-301-20601-0

Ⅰ.①北… Ⅱ.①北… Ⅲ.①北京大学—校史—史料 Ⅳ.①G649.281

中国版本图书馆CIP数据核字(2012)第079150号

书　　　名：	北京大学经济学院（系）百年图史
著作责任者：	北京大学经济学院　编
责 任 编 辑：	郝小楠
标 准 书 号：	ISBN 978-7-301-20601-0/F·3171
出　版　者：	北京大学出版社
地　　　址：	北京市海淀区成府路205号　100871
网　　　址：	http://www.pup.cn
电　　　话：	邮购部 62752015　发行部 62750672　编辑部 62752926　出版部 62754962
电 子 邮 箱：	em@pup.cn
印　刷　者：	北京大学印刷厂
发　行　者：	北京大学出版社
经　销　者：	新华书店
	787mm×1092mm　　16开本　　12.25印张　　209千字
	2012年5月第1版　　2018年3月第4次印刷
定　　　价：	68.00元

未经许可，不得以任何方式复制或抄袭本书之部分或全部内容。
版权所有，侵权必究　　举报电话：010-62752024
　　　　　　　　　　　　电子邮箱：fd@pup.pku.edu.cn

谨以此书献给
百余年来为北京大学经济学科发展
作出贡献的所有人士

北京大学经济学院(系)100周年纪念文库编委会

名誉主编:刘 伟

主 编:孙祁祥 章 政

编 委:(按照姓氏拼音顺序排列)

崔建华 董志勇 何小锋 林双林 平新乔

宋 敏 王曙光 王跃生 肖治合 叶静怡

张 辉 张洪峰 郑 伟

总　序

作为中国最重要的经济学教育和科研基地，北京大学经济学院是我国综合大学中最早建立的经济系科，也是西方现代经济学和马克思主义经济学在中国最早的传播基地。北京大学经济学科的历史最早可追溯到1902年建立的京师大学堂商学科，1912年严复担任北京大学校长之后始建经济学门（系），1985年又在北京大学经济学系的基础上组建了北京大学经济学院，成为北京大学在改革开放之后建立的第一个学院。

1901年严复翻译亚当·斯密《国富论》（一名《原富》），标志着西方现代经济学在中国的正式引入，此后北京大学一直是中国传播西方现代经济学的重镇。中国最早的马克思主义传播者李大钊也是北京大学经济学系的教授；至1931年，北京大学经济学系陈启修教授首次翻译出版《资本论》第一卷第一册，在传播马克思主义经济学方面功不可没。因此，不论是西方现代经济学的引入还是马克思主义经济学的传播，北大经济系都是领时代潮流之先，在中国现代史中占据独特的地位。

拥有深远历史渊源和悠久学术传统的北京大学经济学院，在一个多世纪中涌现出马寅初、陈岱孙、赵迺抟、樊弘、陈振汉、胡代光、赵靖、厉以宁等在学界享有崇高声誉、学养深厚、影响深远的大师级人物，为我国经济科学发展作出了卓越贡献。

2012年是一个对中国经济学科发展有着特殊重要意义的年份，北京大学经济学科已走过了110周年历程，北京大学经济学门（系）也迎来100周年的隆重庆典。为了庆祝北京大学经济学院（系）创建100周年暨北京大学经济学科建立110周年，我院编写了这套"北京大学经济学院（系）100周年纪念文库"，旨在深入梳理北京大学乃至中国经济学科发展的历史脉络，展现北京大学经济学科的历史底蕴和历史成就，同时也希望从一个世纪的经济学科发展历程中反思我们的学术走向，为中国经济学科未来的发展提供一种更为广远和辽阔的历史视角。北京大学经济学院作为中国综合性大学中最早的经济学科，它所取得的历史成就以及所走过的道路，必然对整个中国的经济学科发展有着深远的借鉴意义。

1917年，著名教育家蔡元培出任北京大学校长，他"循思想自由原则，取兼容并包主义"，对北京大学进行了卓有成效的改革，促进了思想解放和学术繁荣，奠定了百年北大的精神基调。今天，我们庆祝北京大学经济学院（系）创建100周年，也要秉承兼容并包的创新精神，在继承北京大学经济学科优良传统的基础上，以积极的姿态吸纳世界前沿的经济学成果，为中国的经济腾飞和中华民族的伟大复兴作出我们经济学人应有的贡献。

孙祁祥

2012年1月15日

CONTENTS 目录

第一章　发轫（1898—1926）　1

第二章　中兴（1927—1936）　39

第三章　坚卓（1937—1948）　61

第四章　探索（1949—1977）　83

第五章　新篇（1978—1999）　117

第六章　腾飞（2000—2012）　149

附　录　北京大学经济学院　175
　　　　（系、门）（含京师
　　　　大学堂商学科）历
　　　　任负责人

第一章

发 轫
(1898—1926)

▸ 卷首语

1862年成立的京师同文馆,被誉为中国新教育的始祖,开设了近代中国最早的经济学课程。1898年,京师大学堂成立,成为中国近现代教育的开端,创设了中国最早的经济学科。1912年,《国富论》的翻译者严复担任北大校长。1917年蔡元培长校,以"思想自由,兼容并包"为旨趣,开创了近代高等经济学教育的新格局。

从京师同文馆到京师大学堂

19世纪60年代京师同文馆大门

同文馆课堂一景

丁韪良（1827—1916，同文馆总教习，最早主讲经济学的课程——"富国策"）

汪凤藻（1851—1918，同文馆毕业生，与丁韪良合译《富国策》，影响深远）

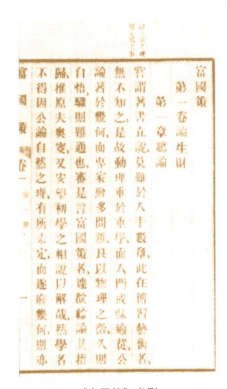
《富国策》书影

 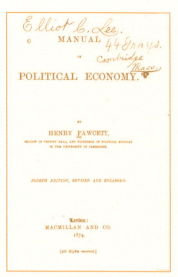

福赛特（1833—1884，《富国策》原作者，英国著名经济学家）　　《富国策》英文原版书影

《富国策》分卷章目表

卷　次	章　目
第1卷，论生财	第1章，总论；第2章，论生财有三要；第3章，论人功；第4章，论资本；第5章，论三要滋生之力；第6章，论制造多寡之异；第7章，论增益财用之理
第2卷，论用财	第8章，论制产之义与均富之说；第9章，论财所自分；第10章，论地租角逐之道；第11章，论工价；第12章，论利息；第13章，论小农躬耕之法；第14章，论兴乡学以维工价；第15章，论齐行罢工；第16章，论合本同功
第3卷，论交易	第17章，论价值之别；第18章，论物价贵贱之理；第19章，论农田物产贵贱之理；第20章，论人功制造之货物及其贵贱之由；第21章，论钱币；第22章，论钱币贵贱之理；第23章，论邦国通商；第34章，论金银流通各国之理；第25章，论邦国货币互易之法；第26章，论税敛之法

京师译学馆界碑（1902年京师同文馆改为译学馆，并附属于京师大学堂）

京师译学馆监督之关防

京师译学馆校友录 辛未年 章楑题

京师译学馆校友录

京师大学堂匾额（作为北京大学的前身，京师大学堂于1898年成立，开创了中国近代最早的经济学科）

京师大学堂总监督关防

地安门马神庙和嘉公主旧第（京师大学堂原址）

1903年京师大学堂教职员合影

丁韪良与部分中教习合影

京师大学堂章程（在1903年大学堂章程中，商科大学成为八个分科大学之一）

商科大学监督权量（1910年3月，商科大学正式开学，开设银行保险学门，成为近代中国最早的金融［保险］系）

商科教员陆梦熊

北京大学经济学系初创时期

严复（1854—1921，近代著名翻译家、教育家，1912年被任命为京师大学堂总监督。民国成立后，改称北京大学校校长）

《原富》书影（严复在1897—1902年将西方古典经济学名著亚当·斯密的《国民财富的性质和原因的研究》译成中文，成为最早的中文译本）

民国元年北京大学校分科同学录

商科大学各学门学科

主課													課						補助課		
銀行及保險學門	商業地理	商業歷史	各國商法及比較	各國度量衡制度考	商業學	商業理財學	商業政策	銀行業要義	保險業要義	銀行論	貨幣論	歐洲貨幣考	外國語	商業實事演習					國家財政學	全國土地民物統計學	各國產業史
貿易及販運學門	各國商法	全國人民財用學	中外各國通商條約	全上	各國金銀價比較	中國各項稅章	各國稅章	全上	全上	全上	全上	全上	全上		關稅論	貿易業要義	船舶販運業要義	鐵路章程	船舶章程	郵政電信章程	全上	全上	全上
稅學														全上	全上							商業地理	商業歷史	商業政策	商業學	商品學	商業理財學

癸卯（1903）学制商科大学各门学科

金绍城（1878—1928，1912年8月至1913年3月担任北京大学商科学长）

1919年北京大学商科毕业同学合影

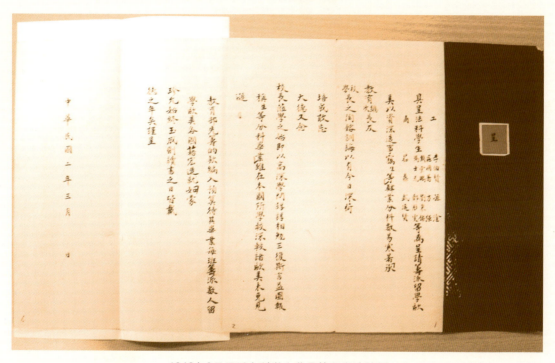

1913年3月呈派商科学生茹鼎等留学欧美折

蔡元培（1868—1940，1916年12月至1927年7月担任北京大学校长）

王建祖（1879—1935，五四运动前后担任北大法科学长）

北大法科为经济系学生汪敬熙、周君南成绩事致文牍处函

马寅初（1882—1982，国立北京大学第一任经济系主任，兼第一任教务长）

1918年5月马寅初致法科特别研究教员函

五四运动后，马寅初请辞北大教务长及经济系主任函

第一章 发轫（1898—1926）

顾孟余（1888—1972，1921年9月至1926年3月担任北大经济系主任）

余文灿（1926年4月至1927年4月担任北大经济系主任）

朱锡龄（1927年5月至1929年3月担任北大经济系主任）

▲法科經濟學教授會啓事

敬啟者前上關於教科書與參考書辦法一函諒早垂覽現此事急待籌辦務懇執事查照前函請於本星期內開具書單飭送法科教務處以便從速辦理是所至禱專此並頌教安

北京大學經濟學教授會啓

1918年4月经济学教授会启事

1918年法科大楼

本校布告

法科教務處告白

馬寅初先生因丁憂回里所授銀行論 貨幣論 保險學 各課均暫行停講俟回京後再行補授此白

英文學所宪所啟事

中華民國八年

1919年3月21日马寅初停课告白

經濟學系主任啟事

經濟學系內設法文的「經濟學選讀」一種，選讀 Gide, Cours d'econ. Pol. 由梁仁傑先生擔任，願習者務於日內往註冊部報名。

1921年11月4日经济系主任马寅初启事

1918年法科教室摄影

1923年9月28日北大经济学系教授会公告

經濟學系教授會通告

本系所授科目除用筆記及講義大綱外，有兼用課本者，茲將課本之名稱宣布於下：

財政學總論　Plehn, Introduction to Public Finance

貨幣　Kinley, Money

銀行　Holdsworth, Money and Banking

保險學　Huebner, Life Insurance

十二年九月二十八日

20世纪20年代北大第三寄宿舍大门

1918年6月马寅初致经济商业两门监试员函

北大第一院红楼

北大二院大讲堂外景

公　告

余文燦啓事

下學期經濟系四年級保險學（人壽保險水火保險）所用教本為Huebner:—Life Insurance 及 Property Insurance兩本在美購買每本約合大洋四元八毛（在京各書莊每本售大洋五元八毛且存書無多不敷應用）如有願託鄙人直接由美購買此書者請於本月二十三號以前到本校第二院雜務課報名定購每本先交定洋二元其餘欠項俟書到京後付清

五月十五日

1925年北大经济系主任余文灿启事

20世纪20年代的北京大学图书馆

东斋（学生宿舍）

西斋（学生宿舍）

20世纪20年代北大经济系部分教员

皮宗石

陈启修

徐宝璜

德籍教员额尔德

陈兆焜

黎世蘅

陈翰笙

胡谦之

法籍教员白来士

徐崇钦

■ 马克思主义经济学在中国的早期传播

李大钊（1889—1927，北京大学图书馆馆长，中国共产党的创始人之一，在北京大学较早讲授马克思主义经济学，开风气之先）

罗章龙（1896—1995，北京大学毕业生，曾与邓中夏、朱务善等人发起成立北大"马克思主义学说研究会"）

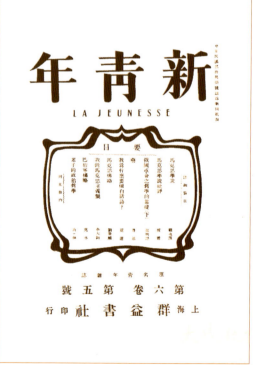

《新青年》马克思学说研究专号

亢慕义斋旧影

陈启修（1886—1960，北京大学教授，著名政治学家、经济学家，早期传播马克思主义经济学说的代表人物）

陈启修译《资本论》（1930年在昆仑书店出版，为国内最早的中文译本）

20世纪20年代的学术活动与学生活动

1919—1920年度经济学系课程表　　1919年12月5日马寅初演讲公告

北大三院风景

1920年支薪表（局部）

北大评议会室

1922年北大法政经济记录室组织规则草案

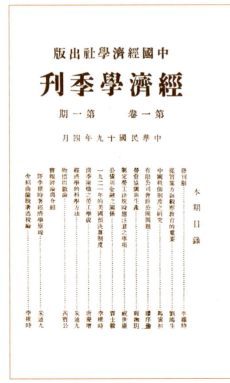

《经济学季刊》创刊号（1930年）

北大校旗

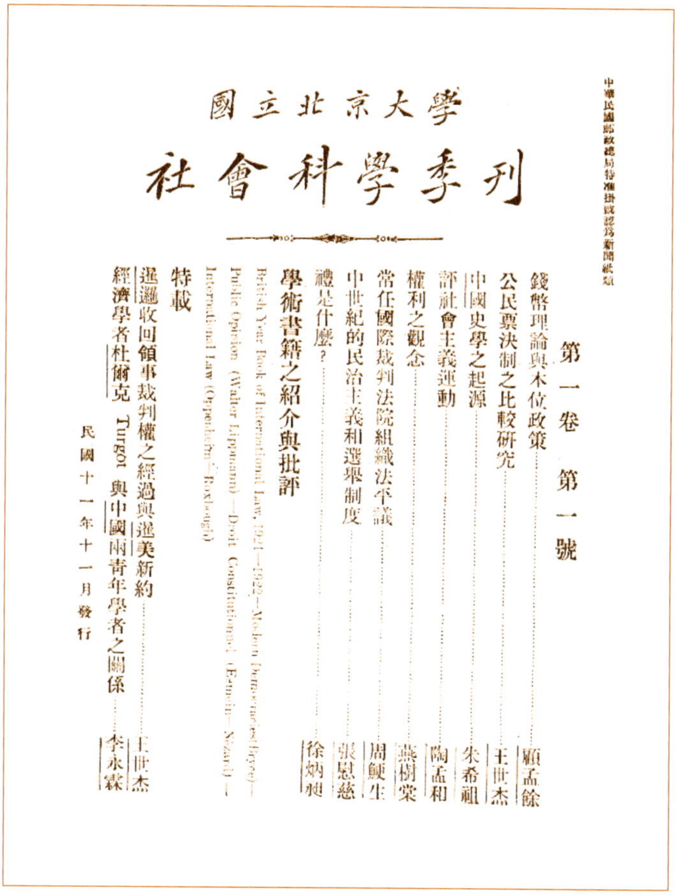

中華民國郵政總局特准掛號認為新聞紙類

國立北京大學

社會科學季刊

第一卷 第一號

錢幣理論與本位政策……顧孟餘
公民票決制之比較研究……王世杰
中國史學之起源……朱希祖
評社會主義運動……陶孟和
權利之觀念……燕樹棠
常任國際裁判法院組織法平議……周鯁生
中世紀的民治主義和選舉制度……張慰慈
禮是什麼？……徐炳昶

學術書籍之紹介與批評

British Year Book of International Law, 1921—1922—Modern Democracies (Bryce)—Public Opinion (Walter Lippmann)—Droit Constitutionnel (Esmein—Nézard)—International Law (Oppenheim—Roxburgh)

特載

暹邏收回領事裁判權之經過與暹美新約……王世杰
經濟學者杜爾克 Turgot 與中國兩青年學者之關係……李永霖

民國十一年十一月發行

北大社会科学季刊创刊号（1922年）

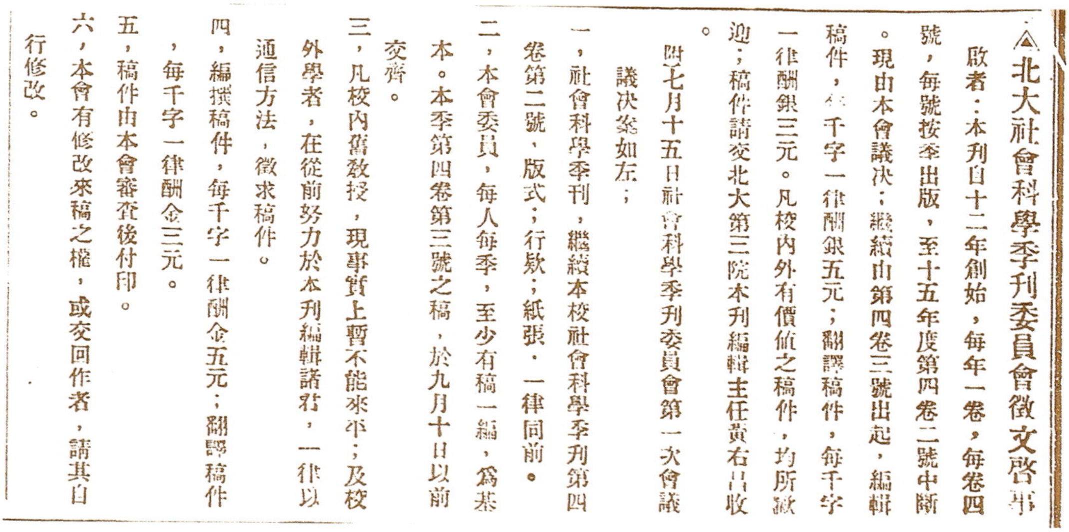

△北大社會科學季刊委員會徵文啓事

啟者：本刊自十二年創始，每年一卷，每卷四號，每號按季出版，至十五年度第四卷二號中斷。現由本會議決：繼續由第四卷三號出起，編輯稿件，每千字一律酬銀五元；翻譯稿件，每千字一律酬銀三元。凡校內外有價值之稿件，均所歡迎；稿件請交北大第三院本刊編輯主任黃右昌收。

附七月十五日社會科學季刊委員會第一次會議議決案如左：

一，社會科學季刊，繼續本校社會科學季刊第四卷第三號，版式，行款，紙張，一律同前。
二，本會委員，每人每季，至少有稿一篇，為基本。本季第四卷第三號之稿，於九月十日以前交齊。
三，凡校內舊教授，現事實上暫不能來平；及校外學者，在從前努力於本刊編輯諸君，一律以通信方法，徵求稿件。
四，編撰稿件，每千字一律酬金五元；翻譯稿件，每千字一律酬金三元。
五，稿件由本會審查後付印。
六，本會有修改來稿之權，或交回作者，請其自行修改。

1929年7月31日北大社会科学季刊征文启事

經濟學會啟事

本會成立於民國十年十一月三十日，照章於每年秋季開常年大會一次。惟大會須包括全體會員，本年預科新升入經濟系諸同學之入會潛當然在內；故於開會前例須徵求新會員一次。茲將本會會章宣布於後，由供參詳，有志諸君盍興乎來！

北大經濟學會啟事

北大經濟學會半月刊 第三十號

編輯都發行所　北京大學經濟學會
分發行所　魏瑞廠小沙土園京報館

現代租稅之趨勢與中國租稅（續）……周懋人

雜稅　一六，八四九，二四，〇九一
合計　三九七，五六五　四〇五，〇八九

北大經濟學會刊物——經濟學會半月刊刊頭

北京大學經濟學會第一次公開講演

題目：「上海一百四十個交易所」（第一講）
講者：馬寅初先生
時間：本月十八日（星期日）上午十時
地點：本校第三院大禮堂

1921年北大經濟學會講演通知

北大经济学会合影

經濟學系准畢業者十四人

易鐵尹　沙啓濂　鄭合成　馬寶珍　宋文瑞

雷輯輝　錢家驥　趙文選　黃鏡銘　秦　爝

鄭　侃　陳家芷　張廷選　馮良輔

二十年三月十六日

经济系毕业生名单

北京大学学生储蓄银行

1919年11月学生储蓄银行营业报告表　　1918年5月1日学生银行查账员马寅初报告

▶ 北京大学学生储蓄银行股票（民国七年，1918年）北京大学学生储蓄银行成立于1925年，为股份有限公司，受本校校长之监督，以奖励学生储蓄并练习银行业务为宗旨。这是其中胡钧先生所持的二十股股票凭证。

▶ 北京大学消费公社股票（民国七年，1918年）3月成立，是中国第一个消费合作社。这是其中一个社员胡钧先生所持的消费公社股票凭证。

北大学生储蓄银行股票　　　　北京大学消费公社

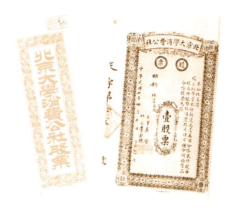

1917年12月15日北大消费公社启事

第一章　发轫（1898—1926）　　35

五四运动前后

1919年5月4日,五四运动爆发

五四运动前后,北大学生周炳琳在街头演讲

1920年，北大经济系毕业生周炳琳赴美留学前，李大钊、张申府、邓中夏等人为之送行

受蔡元培、胡适等人推荐，民族资本家穆藕初资助北大周炳琳、罗家伦等赴美留学，时称"留洋五大臣"，此为周炳琳等五人于临行前合影（右一周炳琳，左一罗家伦）

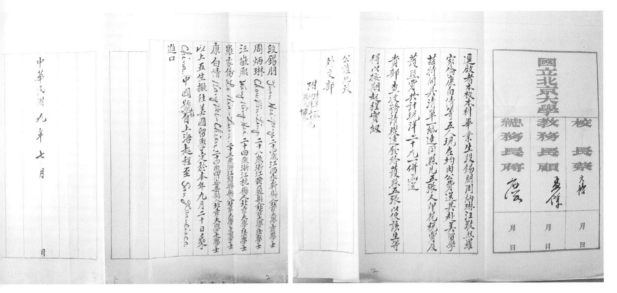

周炳琳等留学公文（局部）

周炳琳等在美留学期间，与来访的蔡元培校长合影
（前排左一周作仁，左二罗家伦，左四周炳琳，左五蔡元培；二排左一冯友兰）

第二章

中兴
(1927—1936)

卷首语

1927年7月，包括北京大学在内的"京师九校"被合并为京师大学校。北伐成功后，北京大学暂时改名为国立北平大学北大学院。1929年8月北大复校运动成功，改回旧称"国立北京大学"。1930年12月，蒋梦麟接任北大校长，随后聘请周炳琳担任北大法学院院长，赵迺抟为经济系主任，开创了北大经济学科的中兴局面，成为中国现代经济学首屈一指的重镇。

1927年京师大学校校长、学长及秘书等合影

京师大学校法科创办的《法科丛刊》封面

会计学家杨汝梅教授（曾任职于京师大学校法科经济系）

陈大齐（北京大学教授，1929—1930年曾任国立北平大学北大学院院长）

何基鸿（北京大学教授，著名法学家，1930年6月至10月短暂代理北京大学经济系主任）

蒋梦麟（1886—1964，1930年12月至抗战期间，担任北京大学校长，为北大发展作出卓著贡献）

徐宝璜（1894—1930，北京大学教授，1929年3月至1930年6月担任北京大学经济系主任）

秦瓒（1898—1988，著名经济学家，1930年10月至1931年9月，担任北京大学经济系主任）

赵迺抟（1897—1986，著名经济学家，1931年9月至1949年7月担任北京大学经济系主任）

20世纪30年代北大经济系部分教员

何永佶

董时进

胡立猷

卢郁文

余肇池

周作仁

钟柏青

朱锡龄

李浦

薛德成

李光忠

徐辅德

舒宏

卓宜来

函电

△郁达夫先生致陈代校长函

百年先生：顷接由上海转来沁电，敬悉 先生招我去北平膺讲席，感激之至。但王星拱先生因安大接手过迟，坚不肯人教书，硬拉我来此相助。北平电报来时，已在我到安庆之后，所以今年年内，无论如何，是已经不能上北平来了。敬请给假半年，俾得在这半年之中稍事准备，一到明年春期始业，定当遵命北上，与 先生等共处。此事前已与启明先生谈及，大约此信到日，启明先生总已将鄙意转达。好在北平教书者多，缺席先生

1929年10月14日郁达夫致陈大齐函（局部）

郁达夫，曾任教于北京大学经济系

1930年10月22日经济系主任秦瓒启事

◎秦瓒启事

此次经济学系改选主任瓒蒙选任瞠乎余子之下惶骇莫名主任一职关乎全系之发展内则接待同学同事外则与学术界相周旋要非贤望深重才具优长者不能胜任瓒资望浅学植无似赋性憨直肆应尤非所长且年来痼疾时作就令殚心讲授猶恐蹶之堪虞若更责以事务行政两败俱伤故已函陈代校长悬辞凡我同学同事关于经济系事务请仍问何代主任接洽为荷

公 告

1931年6月6日 法学院教授名单

◎本校法学院下学年教授名单

法律系　何基鸿　刘志敔　燕树棠
尚在接洽中者　刘克儁　史尚宽及其他

政治系　陈启修　张慰慈　周覧　本校与武汉各半年　余正在接洽中

经济系　秦瓒　陈启修 政治系兼　周炳琳
周作仁　赵迺搏

1930年北大学生会拟定的《发展北大计划大纲》

發展北大計劃大綱

第一章　組織

本校现有组织，分预科，本科，研究所三级。预科分甲乙两部，民国八年，本科废去文科理科法科之名目，改用分系法，共分十九系。现设立者为数学，物理，化学，地质，生物，中国文学，英文学，德文学，东方文学，哲学，教育，心理，史学，政治，法律，经济等十七系。俄文系现暂停办，天文系则迄今尚未正式成立。本校现在设有三院。唯非纯依学术之性质而分。按现行大学组织条例，大学须设有三科。本校现有各系，适可分为文理法三学院。至旧设之研究所，已开办者仅国学一门，而其性质与欧美各大学之研究院不同。此我校历史悠久，虽结昭著。当兹复校成功，更应力求发展，俾与欧美各著名大学并驾齐驱。欲谋北大之发展，应首求组织之完善。本会有鉴于此，爰首章订组织之最低标准，兹依计划，分为九项，述之于后：

一

北京大学第一院正门

第二章　中興（1927—1936）

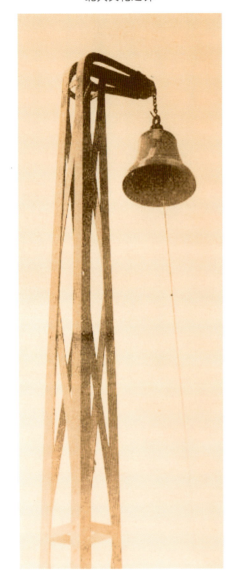

北大文化之钟

北大校旗

北大三院大门

1931年下半年经济学系课程表

三院学生宿舍

第二章 中兴（1927—1936）

北大二院大礼堂外景

经济系1934年课程指导书（局部）   二院大礼堂内景

1934年周炳琳国际贸易期末试题底稿

试题底稿
Examination Questions

命题员：周炳琳　　　　科目：国际贸易

一、试述比较成本之理论（The Theory of Comparative Costs）。

二、试述欲自对外贸易得到最高度利益所必须具备之条件。

三、试述比较物价（Comparative Price Levels）之理论。

四、国际汇兑率（Foreign exchange rates）之定落与付衡（Balance of Payments）有如何之关系？试摘要言之。

三院水塔

第二章　中兴（1927—1936）

1931年北大经济学会合影（前排右起第四人周作仁，第五人秦瓒，第六人朱锡龄，第七人何基鸿）

北大经济学会"1930年北大学生经济生活调查表"

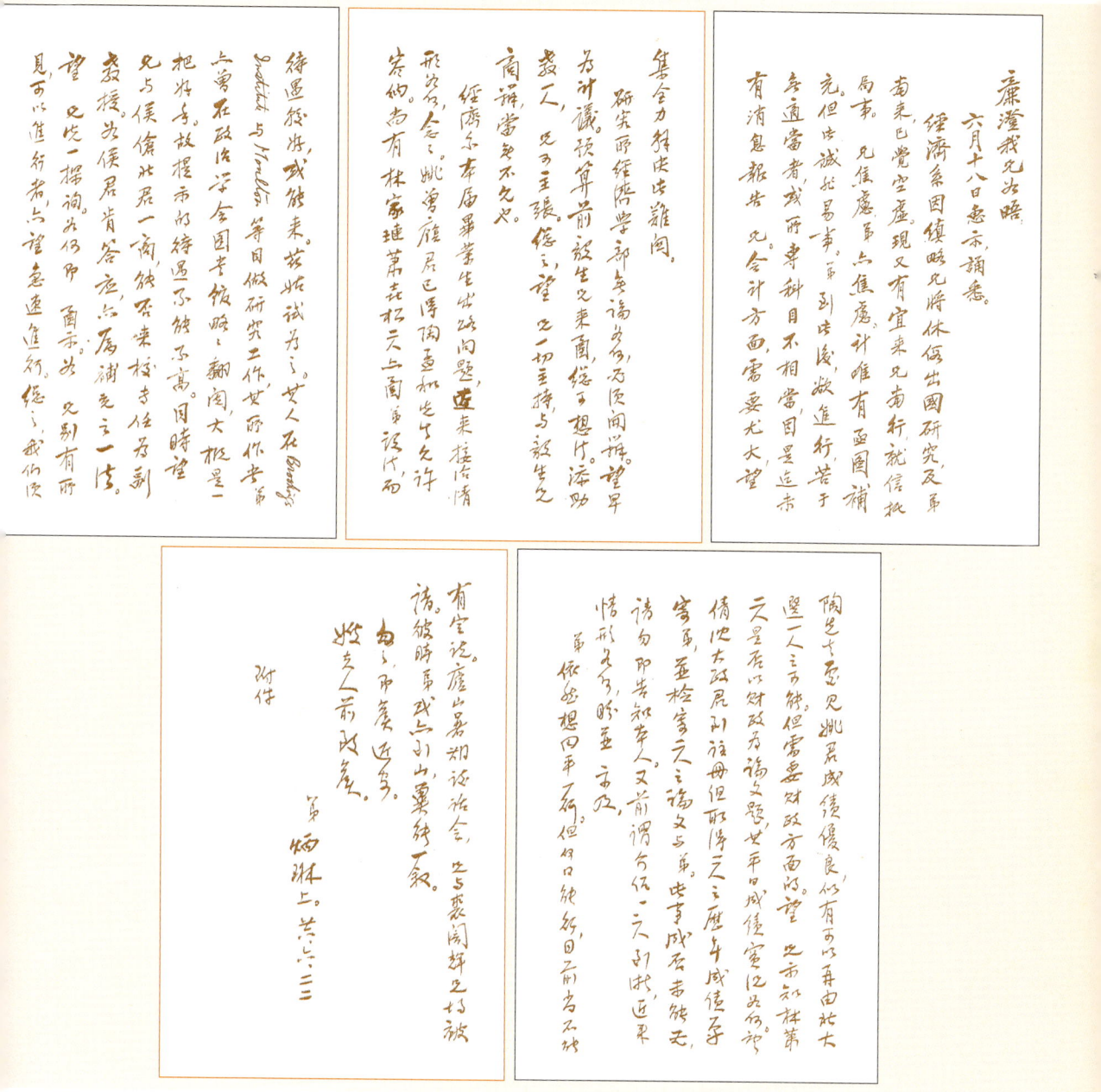

1937年6月周炳琳致赵迺抟函

1934年经济系毕业师生合影
（前排左起：第四人秦瓒，第五人周炳琳，第六人蒋梦麟，第七人赵迺抟，第八人周作仁）

● 北大經濟學會編輯「經濟學年刊」徵稿啓事

敬啓者：

本會發刊之議，遠在一年以前，迄以多故，未能實現，茲復經本會議決，決於假中，彙集新舊稿件，編印成册，暫名「經濟學年刊」，倘稿件餘裕，再改爲「經濟學季刊」或「月刊」，凡我師友惠賜大筆，以光篇幅，是所至盼，此致

敬祈繼續

全體教職員諸先生公鑒
全體同學諸君

賜稿請于本年七月底以前交第三院號房轉經濟學會

北大經濟學會啓 二十年六月二三日

1931年6月北大经济学年刊征稿启事

△ 北大社會科學季刊委員會徵文啓事

啓者：本刊自十二年創始，每年一卷，每卷四號，每號按季出版，至十五年度第四卷二號中斷。

現由本會議決：繼續出第四卷三號出起，編輯稿件，每千字一律酬銀五元；翻譯稿作，每千字一律酬銀三元。凡校內外有價值之稿作，均所歡迎；稿件請交北大第三院本刊編輯主任黃右昌收。

附七月十五日社會科學季刊委員會第一次會議議決案如左：

一、社會科學季刊，繼續本校社會科學季刊第四卷第二號、版式、行欵、紙張，一律同前。

二、本會委員，每人每季，至少有稿一編，爲恭本。本會第四卷第三號之稿，於九月十日以前交齊。

三、凡校內舊教授，現事實上暫不能來平，及校外學者，在從前努力於本刊編輯諸君，一律以通信方法，徵求稿作。

四、編撰稿件，每千字一律酬金五元；翻譯稿作，每千字一律酬金三元。

五、稿作由本會審查後付印。

六、本會有修改來稿之權，或交同作者，請其自行修改。

1929年7月北大社会科学季刊委员会征文启事

△ 北大經濟學會啓事

頃自中央研究院社會科學研究所寄欵帥黑龍江沈域的農民與蠶生一書不敢自私茲仔於第三院閱覽室以備諸同學之參考

北大經濟學會啓 十二月

1931年12月北大经济学会启事

1934年北大经济系毕业同学合影

20世纪30年代北大经济系部分毕业生

雷宏济

李守权

林家琏

马士毅

王适

王正武

谢世清

张鉴墀

法学院院长周炳琳

周炳琳在河北教育厅长任上发表讲话　　1937年5月10日《北平晨报》关于周炳琳消息

第二章　中兴（1927—1936）

20世纪30年代北大女学会（前排左起第一人周炳琳，右起第一人赵迺抟）

一院之侧面

1935年爆发"一二·九"运动

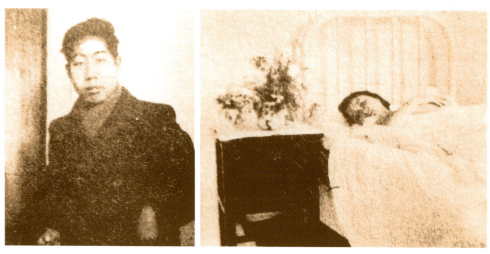

"一二·九"运动中受伤的两位北大经济系学生(左图:董大年,右图:黄淑生)

第二章 中兴(1927—1936)

公函

●北平市政府公函

逕啟者案奉陸海空軍副司令張養(二十二日)子(夜十二時)秘電開查瀋陽事件發生國內人士咸憤慨此事體大必須堅決之精神持沉毅之態度乃克轉危為安在校學生處於外侮之激烈尤應具慣慨此事體事至日偽所在地方尤宜特別注意以免發生枝節貽誤事機特電遵照并分別函令遵照辦理并轉知各學生一體遵照為荷之致查照北京大學校

A.請毀棄抗議要求日本立刻撤兵,俟復原狀。
B.在未撤兵以前,不與談判。
C.命令地方政府,不得與日本就地訂接交涉。

專載

●北大教職員對日委員會執行委員會第一次會議議事錄

時間：九月二十一日午後六時半
地點：第二院大會議室
出席者：樊際昌　劉樹杞　會昭同　戴修瓚
　　　王　烈　馬裕藻　毛　準　周炳琳
主席：周炳琳
紀錄：楊　慶

議決案：
(一)致電中央黨部及國民政府：

(二)函張副司令不得與日本直接交涉。
(三)推舉周炳琳胡適之燕召京起草上述兩電。
(四)推舉楊慶起草組織規程。
(五)二十二日午後四時仍在大學會議室開會。

●北大教職員對日委員會執行委員會第二次會議議事錄

時間：九月二十二日午後四時
地點：第二院大會議室
出席者：劉復　劉樹杞　王　烈　馬裕藻
　　　張頤　樊際昌　周炳琳　章廷謙
　　　楊慶　蔣夢麟　沈履文
主席：周炳琳　毛　準
紀錄：章廷謙

主席報告：
(一)致中央黨部及國民政府電稿,致張副司令函稿。
(二)派定沈履文參加各界大會。
(三)平津學術團體對日聯合會決議各校教職員在各本校設立分會由各校推舉代表一人加入聯合會,各校學生會由各校分會負責指揮。其名稱即為:「平津學術團體對日聯合會某大學分會」。

主席提議：
(一)關於平津學術團體對日聯合會決議本校應設立分會定名為某大學分會並派代表出席事應如何決定,請公決案。
議決：本會名稱,不須更改,即由本會復行分會之職權,為最高決定,並派代表出席,惟須報告本會全體會員之日聯合會代表。

(二)函本會學術團體對日聯合會出席會員。
議決：照原草案修正通過。

(三)推舉蔣夢麟劉樹杞周炳琳為本會常務委員議決。主席請楊慶宣讀本會組織章草案。議決：照原草案修正通過。

(四)主席請依組織規程推舉各組主任。
議決：
推舉章廷謙為文書組主任
王　烈為事務組主任
周炳琳為交際組主任
燕樹棠為宣傳組主任
何其鞏為研究組主任

第五條各股設主任一人股員無定者,由執行委員會全體會議決定之,惟各股主任股員得以執行委員會會議決之尤重大事件時得由執行委員會全體主席聯席會議討論之。

第六條本會各股各組議決事項由執行委員會全體會議決定並分各股主任得在股員外入充之(以北大教職員為限)。

第七條各股主任得由出席執行委員會提具名各股主任得由股員得由出席執行委員會會議提出。

第八條執行委員會遇有專門問題得請專家列席討論

第九條本簡章自通過執行委員會後發生效力
第十條本簡章得由執行委員會過半數之同意修改之

●國立北京大學教職員對日委員會組織簡章

第一條　本執委會依據北京大學教職員大會之決議以文理法三院長各系及外國語組主任秘書長圖書館主任出版部主任等組織之
第二條　本執委會設常務委員三人總理本執委會一切事宜並由執委會互選之
第三條　本執委會設左列各組分任事務本執委會各組主任由執委會選定
第四條　本執委會各組分任如下
A 文書組　辦理文書印刷收發事宜主任一人組員三人至五人主任由執委會選任
B 事務組　辦理事務會計事宜主任一人組員三人至五人主任由執委會選任
C 交際組　辦理對外協作交際事宜設主任

●國立北京大學學生會抗日運動委員會宣傳大綱

此次日本帝國主義假借中村事件出兵瀋陽侵擾我土地蹂躪我同胞焚掠劫掠無恥不因這一次的悲劇簡直比濟南慘案還利害百倍因為日本蓄心毀路滿蒙「二十一條」慘無人道的公約肥耗幾使我朝鮮民主的暴舉等非一日無論何人執政無不反對因此此事件不意覺的今次特路寄告全國人民我們經過向來莫不不如聞虜卒能於本校全體師生自開學後由未嚮此次中村事件中前潰賊裂緩地收到由這國民黨向不借中村事件中不刻不忘淚迅速宣傳便我全國民眾明瞭此次事件的真象一致奮起打倒日本帝國主義以救國家的滅亡我們宜傳的要點如下

積極方面：
一、全國同胞立刻息止內鬨集中軍隊一致對外
二、組織抗日救死隊作一切抗日工作
三、將此次日帝國以慘無人道的手段霸佔的事

第三章

坚 卓
(1937—1948)

▶ 卷首语

1937年7月7日，卢沟桥事变爆发。北大、清华、南开三校南迁，先在湖南长沙成立临时大学，后迁昆明，正式更名为国立西南联合大学。方显廷、陈序经、周炳琳、陈岱孙等先后为法商学院院长。八年间，联大师生以"刚毅坚卓"的奉献精神，谱写了中国现代教育史上一段神话，并赢得世界性声誉。抗战胜利后，三校北返，在国事日非、战乱频仍的情况下，北大经济学人不废所学，苦撑待变，迎接新时代的到来。

1937年7月7日,卢沟桥事变爆发,拉开八年抗战的序幕

国民政府教育部高教司转达关于设立长沙临时大学的密谕

长沙临时大学法商学院所在地——湖南圣经学校

国立西南联合大学校门

方显廷（1903—1985，南开大学经济学教授，1938年1月至4月任长沙临时大学法商学院院长）

陈序经（1903—1967，南开大学经济学教授，1938年4月至1943年6月任西南联合大学法商学院院长）

周炳琳（1892—1963，北京大学经济学教授，继陈序经之后任西南联大法商学院院长）

西南联大经济系教员

陈岱孙（1900—1997，西南联大经济系主任）

赵迺抟（1897—1986，西南联大时期暨复校后，担任北大经济系主任）

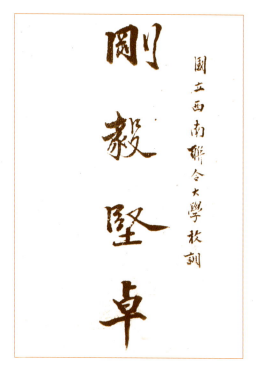

西南联大校训"刚毅坚卓"

秦瓒

周作仁

伍启元

杨西孟

联大教员宿舍

联大图书馆外景

1939年北大经济学会全体师生合影
（前排坐者左起：周作仁，周炳琳，赵迺抟）

1945年西南联大经济系商学系教授会同仁摄影
(前排左起：第三人伍启元，第四人杨西孟，第五人周作仁，第六人周炳琳，第七人赵迺抟，
第九人陈序经，第十人徐毓枬，第十二人秦瓒，第十三人戴世光)

■ 西南联大的学生生活

联大校徽

青年张培刚（1943年张培刚通过留美考试，成绩卓异，导师为陈岱孙和杨端六教授）

简陋的联大学生宿舍

联大教室内景

联大学生在图书馆学习

昆明"一二·一"运动

西南联大的结束

1946年5月4日梅贻琦宣布联大结束

国立西南联合大学经济系1946级话别会合影
（前排坐者左起：第六人伍启元，第七人杨西孟）

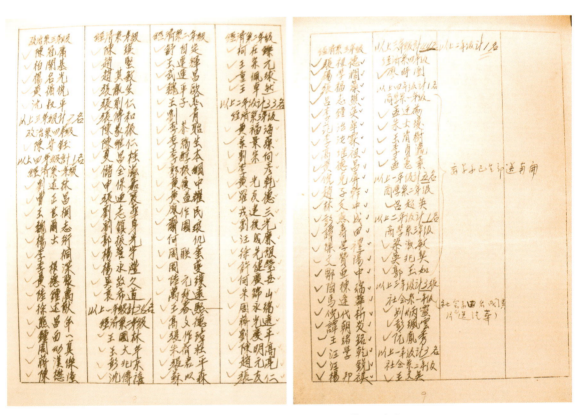

1946年西南联大志愿入北大学生名单（局部）

赵迺抟教授名著《欧美经济学史》封面

抗战回迁北大经济系部分教员到校时间记录

1946年抗战复员后的教员与学生活动

樊弘（1900—1988，原为复旦大学经济系主任，1946年受聘为北京大学经济系教授）

蒋硕杰（1918—1993，1946年受聘为北京大学经济系教授）

1947年蒋硕杰所获伦敦政治经济学院颁发的Hutchinson Silver Medal奖章

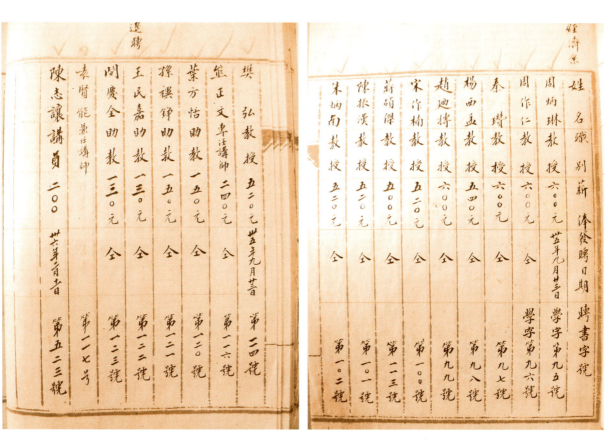

1946年北大经济系部分发聘教员名册

1946年，北大经济系师生郊游合影
（蹲者二排第四人周炳琳；站立者一排右起第三人蒋硕杰，第五人秦瓒，第八人赵迺抟；
二排左起第三人陈振汉，第五人杨西孟）

1947年,北京大学经济系毕业纪念师生合影
(前二排右起坐者:第一人蒋硕杰,第二人杨西孟,第三人秦瓒,第四人周炳琳,第五人赵迺抟,
第六人陈振汉,第七人周作仁,第八人樊弘;二排站立者:左起第一人张友仁)

钱昌照（1899—1988，原国民政府教育部常务次长、资源委员会副主任，1948年出资主办《新路周刊》，成为当时北方经济学界最具影响力的刊物）

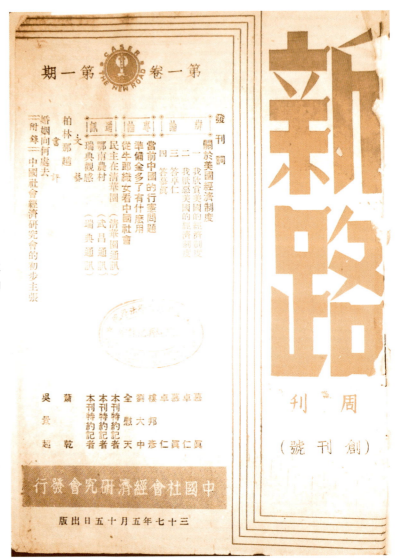

《新路周刊》创刊号（北大经济系教授周炳琳为该刊的实际负责人）

1947年6月2日,周炳琳作反内战演讲

1947年5月,北平学生举行反饥饿大游行

1948年3月底,樊弘与许德珩教授在反对伪国大制宪会议集会上合影

1948年12月17日,国立北京大学五十周年校庆纪念摄影

1949年2月3日,北大师生欢迎解放军入城(正面撑旗者为张友仁先生)

第四章

探索
（1949—1977）

卷首语

1949年,新中国成立后,进入社会主义经济建设时期。1952年夏秋之际,高校调整后,北京大学迁住燕园,原清华大学经济系、燕京大学经济系并入北京大学经济系,三校经济学师资集合一处,阵容强大。在社会运动此起彼伏的背景下,对社会主义经济建设的若干重大问题,进行了积极探索,建言献策,为那个火红的年代留下一抹绚丽的色彩。

20世纪50年代的三位系主任

樊弘（1900—1988，1949—1952年担任北京大学经济系主任）

陈振汉（1912—2008，1952—1954年代理北京大学经济系主任）

陈岱孙（1900—1997，原清华大学经济学系教授兼主任，1954—1983年担任北京大学经济系主任）

20世纪50年代北大红楼

第四章　探索（1949—1977）

经济系1950级毕业照
(前排左一张友仁，左四周炳琳，左五赵迺抟，左六樊弘，
左七严仁赓，左八陈振汉，左九熊正文)

1951年9月，北大经济系教师参加土改
（左起：周炳琳，陈振汉，周作仁，熊正文，赵迺抟）

1952年院系调整

1952年10月4日,马寅初在院系调整后第一次开学典礼上讲话

原燕京大学牌匾(1952年高校调整后,燕京大学经济系并入北大)

戴乐仁(1878—1953,原燕京大学第一任经济系主任,为西方经济学引入中国作出较大贡献)

50年代的燕园西门

1952年普选人大代表，北大经济系教师在北大办公楼西门合影
（蹲者二排：左二周炳琳，左四洪君彦；站者一排：左三陈振汉，
左四赵迺抟；二排：左四严仁赓，左八熊正文，左九胡代光）

50年代的北大教学楼

50年代北大教学区一景

马寅初陪同周恩来视察北大

马寅初接见苏联专家古玛青珂
（古玛青珂是第一位来华的苏联政治经济学专家）

第四章 探索（1949—1977）

马寅初接待苏联院士

苏联专家古玛青珂在农村调查

1953年6月，北大经济系教师在河北通县双桥国营农场
（中排右一严仁赓，右二周炳琳；后排右一胡代光，右三赵迺抟，右四张友仁）

50年代北大经济系部分教师与苏联专家合影
(左一严仁赓,左二周炳琳,左三赵迺抟,左四陈岱孙,左七陈振汉)

苏联专家古敏娜与张友仁、樊弘等在颐和园合影

马寅初校长主持北大校务会议

50年代赵靖先生在指导学生

50年代燕园鸟瞰

50年代的北大办公楼

50年代的未名湖

1954年2月,周炳琳、赵迺抟、张友仁(右起)在北大燕东园合影

1954年，经济系教师在香山合影
（前排左三陈振汉，左四陈岱孙，左五赵迺抟）

经济系1956级学生在香山合影

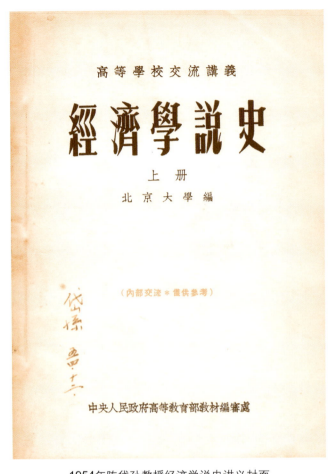

1954年陈岱孙教授经济学说史讲义封面

赵迺抟教授正在指导学生厉以宁

1957年4月27日,马寅初在北大大饭厅作关于人口问题的报告

马寅初《人口论》手稿

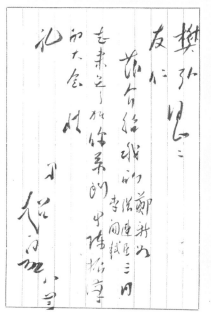

1957年8月,狄超白致樊弘、张友仁信

北大经济系1957级本科生入学后与苏联留学生尤拉合影

1957年10月,北大经济系同学与印尼留学生夫妇合影

50年代的学生活动

1957级北大经济系学生参加香山植树时合影

50年代北大经济系同学下乡社会调查

1958年3月,经济系同学参加车间劳动

1958年夏,赵靖先生带领学生在北京宣武区调研

1959年，北大经济系师生在高碑店

北大经济系1956级学生在首钢

1958年，北大召开科学研究"大跃进"会议

1958年科学研究"大跃进"专刊

樊弘教授在1958年科学研究"大跃进"专刊上发表的论文（首页）

第四章　探索（1949—1977）

50年代末期,北大经济系同学与工人师傅、干部合影

1958年秋,北京大学经济系部分学生返校前合影

1959年夏,经济系1957级学生在颐和园合影

1959年10月，北大经济系学生在北京西山植树造林留影

1959年11月，北大经济系张致诚同学的学生代表大会代表证

1960年春，北大经济系学生在北京朝阳区东坝楼紫庄参加劳动和反右倾运动时留影

世界经济专业成立

1959年,经济系根据周恩来总理的指示成立了世界经济专业,当时的教师只有5位,前排左起:田万苍、张德修、蔡沐培;后排左起:洪君彦、巫宁耕、罗鸿德(研究生)

1959年,世界经济专业刚成立时师生合影

五六十年代北大经济系学生的社会实践

1959年11月,经济系学生在农业展览馆前合影

50年代经济系学生下乡期间学习文件

1961年4月,1957级学生合影于十三陵

1961年夏，部分经济系女生在宿舍楼前合影

1961年秋冬，北大经济系学生在永陵村与村干部、社员合影

1961年，经济系学生在十三陵附近社会调查时与社员合影

1961年7月，北大经济系1956级学生毕业合影
（前排右六陆平，右七陈岱孙，右八周炳琳，右九胡健颖，右十罗志如，右十一樊弘）

1962年9月,北大经济系1957级毕业合影

(前排左一刘方棫,左二张友仁,左三徐淑娟,左四樊弘,左五严仁赓,左六聂元梓,左七陆平,左八陈岱孙,左九周炳琳,左十罗志如,左十一胡代光;二排右一杨勋,右二厉以宁,左五晏智杰)

1963年7月,北大经济系1958级毕业合影

1964年7月，北大经济系师生在颐和园合影

1965年7月，北大研究生毕业合影

1971年，陆卓明老师在韶山参观留影

陈岱孙教授在"文革"期间

第五章

新篇
(1978—1999)

卷首语

"文革"结束后,北大经济系焕发新的生机,乘着改革开放的春风,蓬勃发展,不断壮大。1985年5月,在经济学系的基础上,组建了新中国成立以来北大第一个学院——经济学院。在改革开放进程中,北大经济系师生推陈出新,锐意进取,为中国经济和社会的发展辛勤耕耘,无私奉献。

1979年《经济科学》创刊号

1979年《经济科学》创刊号上发表陈岱孙《经济科学研究要为四个现代化服务》

1981年陈岱孙教授出版的《从古典经济学派到马克思》（封面），该书在改革开放初期影响巨大

"文革"结束初期的陈岱孙教授

赵迺抟教授

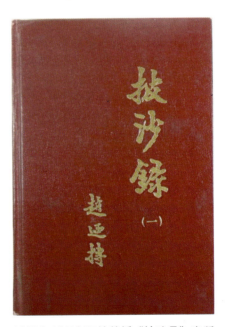

1980年12月赵迺抟教授《披沙录》出版

20世纪80年代,陈岱孙、陈振汉、厉以宁等合影

陈岱孙、罗志如、陈振汉、巫宝三等在陈振汉教授家里

陆卓明教授在指导学生

1979年，经济系运动会上的1978级政经1班

1980年7月，北大经济系进修教师结业合影

改革开放后的第一届北大经济系学生

北大经济系1977级1班合影

1981年10月，北京大学经济系1977级毕业留念

80年代初期的北大经济系师生

1982年春,1981级政治经济学专业的同学在俄文楼前进行组织活动

80年代初,1981级政治经济学专业的同学在"200号"劳动

1982年，经济系教师合影
（第一排左起：陈为民、朱克烺、刘方棫、李德彬、熊正文、陈振汉、陈岱孙、胡代光、杜度、赵靖、张友仁、范家骧、石世奇）

1983年，经济系师生合影

1983级世界经济专业同学在北大图书馆前合影

1983年学生运动会

1984年，1981级政治经济学专业同学在福建清流社会调查，由侯建儒老师（中排左四）、梁小民老师（中排右三）、刘文忻老师（中排右二）带队，锦旗上写"社会是课堂，清流似家乡"

经济系1982级同学与老师合影　　　　　　　　　　经济系1982级同学在图书馆前合影

1985和1986级研究生带领1984级本科生在烟台实习时留影

1985年，1981级政治经济学专业的同学代表吴忠（左一）、苏东波（左二）、刘春旭（右一）到燕南园陈岱孙先生家中拜望

1985年8月，洪君彦（右四）率领中国美国学代表团出席在美国加州圣地亚哥举行的美国第10届美国学研究会

1985年6月，经济系国民经济管理专业八五届毕业生合影

1986年6月，国际经济系八六届毕业生合影

1986年第一届亚洲大专辩论会，北大经济系代表北大荣获团体冠军、个人冠军和决赛冠军（领队洪君彦，教练巫宁耕，参赛代表马朝旭、杨金林、王雷、李玫等）

1987年1月19日，北大经济学院部分学生在广西进行社会实践，与当地干部合影

1987年1月，北京大学经济学院学生在广西百色考察香蕉生产情况

1993年，政治经济学教研室教师合影

1987年夏，1983级世界经济专业同学在甘肃酒泉调研

1988年6月,经济学系八八届毕业生合影

1991年，经济学院教工合唱队合影

1990年7月，北大领导和教师慰问1989级军训学生时在石家庄陆军学院合影

董辅礽、傅骊元、刘方棫、萧灼基合影（自左至右）

萧灼基先生（右二）与学生们在一起

胡代光（左二）、石世奇（右一）老师接待外国学者

石世奇教授在日本讲学

陈岱孙、吴树青、石世奇、陈德华等在宴会上

1991级石家庄陆军学院军训剪影

1991年经济学院教工合唱队在演出

1992年5月9日,蒋硕杰教授访问北大,与张友仁(左)、林毅夫(右)在勺园合影

1992年夏,经济学院国际经济专业1988级毕业合影

1993年6月，博士论文答辩会合影
（前排左起杜度、巫宝三、陈岱孙、胡代光；后排王志伟、黄范章、范家骧、章铮）

1993年，陈岱孙、胡代光等参加中国人民银行总行金融研究所博士生论文答辩会

1994年12月,在陈岱孙教授家中合影

1994年,陈岱孙先生与学生们在一起

1994年,北大经济学院与香港树仁学院合办硕士学士毕业合影

1995年，北京大学经济学院成立十周年大会

北京大学经济学院成立十周年纪念题词

李铁映题词　　　　　　　　　　汪道涵题词

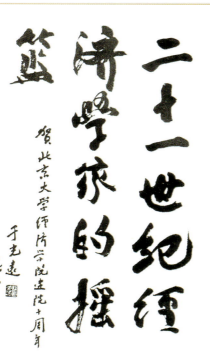

于光远题词　　　　　　　　　　李岚清题词

1995年陈岱孙先生95华诞庆祝大会（左起为刘延东、王梦奎、宋平、陈岱孙、吴树青）

晚年陈岱孙

陈岱孙先生百年诞辰，经院部分教师前往燕南园瞻仰陈岱孙铜像

1998年5月30日，北京大学经济学院1995级研究生毕业留念
（前排右起：刘宇飞、刘文忻、徐淑娟、胡代光、张康琴、萧琛）

1996年，张秋舫（右一）、萧灼基、张友仁、孙祁祥合影

1998年经济学院主办全国八大院校经济学院院长联席会议

1998年5月，孙祁祥教授在北大百年校庆座谈会上（三排右二孙祁祥）

1999年，北大香港经贸同学会经院讲教金颁奖仪式

1998年4月，北大经院全体教工合影

第六章

腾飞
（2000—2012）

卷首语

进入21世纪以来,经济学院的教学和科研改革不断深化,深深吸引着来自五湖四海的优秀学子。新的学科不断建立,海内外优秀人才不断引进,师资队伍更加强大,国际学术交流日趋活跃,经济学院的面貌为之一新。2008年,随着经济学院新大楼在未名湖东侧拔地而起,经济学院的硬件设施也迈上了新的台阶。在北大经济学院(系)迎来百年院庆之际,全院师生奋发图强,努力将北大经济学院建设成为世界一流的经济学院,争取在新的历史起点上创造新的辉煌!

2005年教师节前夕，石世奇先生与学生们在家中合影

2005年，胡代光先生与学生在一起

2005年北大经院建院20周年纪念大会

吴树青

胡代光

石世奇

晏智杰

2005年经院建院20周年纪念合影

为老教授颁发终身贡献奖

2005年邓伟校友（右方签字者）向经院捐款签字仪式

2005年院庆20周年《清实录》研讨会

赵靖先生受到江泽民总书记接见

刘方棫教授受到温家宝总理接见

2009年1月,温家宝总理向李庆云教授颁发国务院参事聘书

第六章 腾飞（2000—2012）

2009年国家级教学成果奖获奖证书

"外国驻华大使眼中的中国经济"系列讲座

2011年3月,孙祁祥院长(右三)陪同许智宏校长(右四)会见外国客人

1999年,经济学家科尔奈(右)访问北京大学经济学院

2005年,刘伟教授(右二)、孙祁祥教授(右一)和郝平副校长(左一)参加外事活动

2007年,美国财政部副部长来北京大学演讲,右二为时任北京大学副校长的林建华

2009年,经济学院主办"危机之后的监管"国际研讨会(右起:孙祁祥、莫里斯、斯蒂格利茨)

2011年11月,经济学院承办"北京论坛"经济分论坛

2011年11月1日,孙祁祥教授主持蒙代尔教授演讲会

2012年1月3日,在"北大经济国富论坛"上孙祁祥院长(右七)、学术委员会主席平新乔教授(右六)向经济学院兼职教授颁发聘书

经济学院与中国经济研究中心合作签字仪式,时任经济学院院长的刘伟教授与时任经济中心主任的林毅夫教授互换合作协议文本

2003年夏，经院1999级博士生毕业合影

2004届毕业生和许智宏校长合影

2005年，经院博士生毕业合影

2005年,经院代表队在校运动会上

2011年,经院代表队在"一二·九"运动76周年师生歌咏比赛中夺魁

2007年本科教学评估活动

2011年6月11日,孙祁祥教授主持比尔·盖茨先生北大演讲会

2004年9月28日，经院综合楼奠基典礼

2004年7月，经院教职工井冈山之旅

2009年，经院教职工参加"大步走"活动后合影

2009年7月，经院教职工黑龙江之旅

2010年7月，经院教职工延安红色之旅

2011年元旦联欢会合影

2000年5月,中华外国经济学说研究会第八届学术讨论会上,厉以宁教授(中)与学生在一起

刘伟教授看望石世奇教授

2002年,敬贺赵靖先生80寿辰合影

2003年，退休老教授、老职工新年茶话会合影

2004年7月，国际经济与贸易专业部分师生在深圳庆贺洪君彦老师（前排右三）从教50周年

2000年，纪念陈岱孙先生诞辰100周年

经济学院荣休教职工合影

2003年,刘伟教授看望陈振汉教授、崔书香教授

2011年12月,庆祝吴树青教授80华诞

2000年，50年代入学的老校友瞻仰陈岱孙先生铜像

2000年，1950级同学入学50周年合影（后排左二为石世奇先生）

2002年，参加经济系1977级毕业20周年纪念会的部分老师
（左起陈德华、胡代光、石世奇、陈振汉）

2002年，经济系1977级毕业20周年部分同学返校合影

2006年,经济系1956级入学50周年纪念

2009年,世界经济专业暨国际经济系成立50周年纪念

2011年8月27日,北京大学党委书记朱善璐、经济学院院长孙祁祥教授视察"迎新"现场

2011年12月30日,经济学院"全家福"

2012年3月，北大党委书记朱善璐到经济学院调研

2012年4月，经济学院主办中国青年经济论坛暨首都高校经管学院辩论赛启动仪式

2012北大经济国富论坛

附 录

北京大学经济学院（系、门）（含京师大学堂商学科）历任负责人

权 量，1910.3—1912.8，京师大学堂商科监督

金绍城，1912.8—1913.2，北京大学商科学长（经济学门归商科）

余棨昌，1913.2—1914.1，北京大学法商科学长（经济学门归法商科）

林行规，1914.1—1914.11，北京大学法科学长（经济学门归法科）

王建祖，1914.11—1919.9，北京大学法科兼商科学长

马寅初，1919.9—1921.8，北京大学法科经济学门主任，1919年改为经济系，马寅初任第一任系主任

顾孟余，1921.9—1926.3，北京大学经济系主任

余文灿，1926.4—1927.4，北京大学经济系主任

朱锡龄，1927.5—1929.3，北京大学经济系主任

徐宝璜，1929.3—1930.6，北京大学经济系主任

何基鸿，1930.6—1930.10，北京大学经济系代理主任

秦瓒，1930.10—1931.9，北京大学经济系主任

赵迺抟，1931.9—1949.7，北京大学经济系主任

陈岱孙，1938—1945，西南联合大学经济系主任

樊 弘，1949—1952，北京大学经济系主任

陈振汉，1952—1954，北京大学经济系代理主任

陈岱孙，1954—1983，北京大学经济系主任

胡代光，1984—1988，北京大学经济系主任，1985年经济学系改为经济学院，任第一任院长

石世奇，1988—1993，北京大学经济学院院长

晏智杰，1993—2002，北京大学经济学院院长

刘　伟，2002—2010，北京大学经济学院院长

孙祁祥，2010至今，北京大学经济学院院长